AF316923

ESSAI PHILOSOPHIQUE

SUR

LA DIGNITÉ

DES ARTS.

PAR P. CHAUSSARD.

A PARIS,

De l'Imprimerie des Sciences et Arts, rue Thérèse,
butte des Moulins, N°. 538.

VENTOSE, An VI.

AVERTISSEMENT.

Ce chapitre fait partie d'un ouvrage sur les Arts.

Elevé dans leur sein, je les cultivai par goût.

Honoré de la direction générale des Bureaux de la Commission d'Instruction publique, je m'en occupai par devoir.

Ils ont fait le charme de la solitude que cherchent mon caractère et mes pensées.

J'ai dû beaucoup au commerce et à l'amitié des Artistes.

Ma reconnaissance leur dédie cet Ouvrage.

DE LA DIGNITÉ
DES ARTS.

On a jusqu'à ce jour considéré les Arts comme les ornemens de l'édifice social : ils font partie de ses bases.

Mobiles du commerce, léviers de l'instruction, langue énergique, rapide, universelle, industrie d'une civilisation perfectionnée, dépositaires des pensées du génie, élémens de la gloire et de la prospérité des peuples, les Arts sont la première comme la plus irrésistible des puissances.

On confondit leur *moyen*, qui consiste à plaire, avec leur *objet*, qui consiste à être utile.

Et en les reléguant ainsi dans la classe des choses de pur agrément, on leur ôta beaucoup de leur force et de leur considération.

Cette erreur est moderne.

Chez les anciens, les Beaux-Arts formaient la clef et le corps des législations.

La philosophie des premiers peuples divinisa *l'Ordre physique*, la Nature, les principes des Etres.

La politique des âges suivans honora *l'Ordre moral*, la Vertu, l'Héroïsme, le Génie.

Delà sortirent les deux branches du système monumentaire, qui créa, ou du moins exigea, le concours de tous les Arts.

Ce n'est pas ici le lieu d'établir comment les traditions septentrionales, comment les symboles du culte de l'Asie, polis par le génie des Etrusques et des Grecs, reçurent des formes savantes et régulières. Je me propose, dans un autre ouvrage, de saisir et de suivre le passage du *Symbolique* à *l'Art* proprement dit, et d'indiquer les altérations, les nuances, et la nouvelle direction imprimée aux institutions monumentaires.

A 2

Écartant ces remarques, je présenterai le point de vue général sous lequel les Arts aggrandis prirent dans la Nature leur charme, dans la Philosophie leurs principes, dans la Législation leur dignité.

L'histoire d'Athènes est celle de l'esprit humain. Je te salue, cité de Philosophes, d'Artistes, de Poëtes, d'Orateurs, d'Historiens, de Moralistes, ville de Minerve!

C'est là que sur les Arts et les Sciences l'édifice de la civilisation s'est élevé à une hauteur que nul peuple n'a atteint depuis.

Les souvenirs de Rome sortent du malheur des nations; ceux d'Athènes se mêlent à leur prospérité. Les armées de Rome ont produit l'esclavage; ses lois l'ont prolongé. Les Arts d'Athènes, son génie ont éclairé le globe, ont poli les mœurs, ont enfanté la liberté.

Les annales du reste du monde semblent n'offrir que des déserts et des lacunes, tandis que l'admiration se concentre sur un petit peuple, jeté dans un misérable Archipel, mais, semblable aux Dieux qu'il adore, grand et majestueux comme le Jupiter de Phidias, séduisant comme Vénus, brillant comme Apollon.

Les Grecs ne furent point les inventeurs des Arts, mais ils en fondèrent l'empire.

Rome leur céda ce pouvoir.

C'est de quelques débris de ces Arts que la ville éternelle tire aujourd'hui sa richesse et sa puissance.

Leur perfection fit l'admiration et le désespoir des siècles suivans, dont le partage fut d'imiter ou de dégénérer.

Les Grecs, en créant le *beau idéal*, semblèrent ajouter à la perfection même qui résultait déjà du choix et de l'imitation de la belle Nature.

On assigne à ces prodiges plusieurs causes dont le concours même est un prodige.

1°. L'influence du climat; 2°. la perfection de l'organisation; 3°. la tradition des Arts de l'Asie; 4°. la nature du Gouvernement et la Politique; 5°. le Commerce;

6°. les Poésies d'Homère ; 7°. les Mœurs nationales ; 8°. le culte rendu à la Beauté ; 9°. la Liberté ; 10°. la Philosophie.

Hâtons-nous d'ajouter que les Arts s'élevèrent du moment où ils furent dirigés vers un luxe public, vers une morale publique.

Alors les merveilles se succédèrent et se pressèrent. Non-seulement les pensées du génie furent excitées, mais tous ses travaux accueillis.

Les talens naquirent des talens. L'Art se reproduisit sous mille formes ; après avoir tiré ses objets d'imitation de la Nature, il les prit dans lui-même.

C'est bien d'Athènes que l'on peut dire :

Là tout bois est un temple et tout marbre est un Dieu.

Platon, dans son dialogue intitulé *Hipparque*, prétend que l'on pouvait faire un cours de morale en parcourant les monumens de l'Attique.

Thomas a mis cette pensée en action. « Je me représente, dit-il, un père dans ces anciens tems et chez ce peuple singulier, voulant animer son fils, et le promenant à travers les rues d'Athènes : Vois-tu, lui dit-il, ces deux statues ? adore-les ; ce sont celles de deux Citoyens vertueux, qui ont délivré leur patrie. Ce monument est celui d'une femme, qui aima mieux mourir que de trahir des Citoyens qui voulaient rendre la liberté à l'Etat. Chacun de ces tableaux que tu vois est une récompense. Ce général, exhortant les troupes, et distingué des neuf autres, c'est Miltiade : il a sauvé la Grèce ; mais aussi il a obtenu ce prix de sa victoire. — Peut-être dans le tems même qu'ils parlent, ils voient un Grec qui regardait ce même tableau en rêvant profondément. Une larme s'échappait et coulait le long de ses joues. — Mon fils, ce Grec que tu vois, c'est Thémistocle. Bientôt il sera grand, puisqu'il verse de si nobles larmes. — Ils sortent d'Athènes et parcourent la Grèce. A quelque distance ils trouvent Marathon. Ils approchent, et voient au milieu de la plaine un Mausolée. — C'est le tombeau de ceux qui sont morts pour la Patrie. Regarde ces colonnes. Là sont gravés les noms de tous ceux qui ont vaincu et péri dans cette journée. Mon fils, lis tous ces noms, honore-les, et adore la Patrie qui récompense ainsi le courage. — Arrivés aux Thermopiles, ils se prosternent sur le lieu où trois cents hommes se sont dévoués contre trois cens mille. Le père fait lire à son fils cette inscription sur le rocher : *Passant, va dire à Sparte que nous sommes morts pour obéir à ses saintes lois ;* et ils redescendent à travers les rochers en silence. Ils continuent leur course. Ils apperçoivent une ville. La plaine des environs est couverte de monumens. D'abord se présente à eux un trophée ; plus loin un mausolée en bronze, et près de là, un autel au Dieu de la Liberté. — Cette ville est Platée. C'est là, mon fils, c'est là que les Grecs viennent de remporter une victoire sur les Perses. Vois les honneurs qui sont rendus à ceux dont le sang a coulé. Approche et lis sur l'airain ces vers gravés en leur honneur. — C'est ainsi qu'ils parcourent la Grèce. Ils terminent leur voyage par les Jeux olympiques. En arrivant, ils visitent le bois sacré, où ils contemplent plus de six cents statues en bronze ou en marbre, élevées à ceux qui avaient remporté les prix. De là ils se rendent aux Jeux, et y trouvent la Grèce assemblée. Supposons que dans ce moment même, Thémistocle, vainqueur de Salamine, parût au milieu des Jeux. On sait que lorsqu'il s'y montra après sa victoire, tout retentit d'acclamations et de battemens de mains ; les Jeux furent interrompus, et l'on oublia pendant une journée entière les combattans, pour voir et regarder un grand homme ; je m'imagine que dans ce moment, le père devait approcher de son fils et lui dire : Tu vois dans quel pays tu es né, et comme on y honore tout ce qui est grand ; et toi aussi, mérite un jour que ton pays t'honore.

Ainsi, chez les Grecs, de quelque côté qu'on jetât les yeux, on trouvait par-tout des monumens de la gloire :

les rues, les temples, les galeries, les portiques, tout donnait des leçons aux Citoyens.

Par-tout le peuple reconnaissait l'image de ses grands hommes ; et sous le plus beau ciel, dans les plus belles campagnes, parmi des boccages ou des forêts sacrées, parmi les cérémonies et les fêtes religieuses les plus brillantes, environnés d'une foule d'Artistes, d'Orateurs et de Poëtes, qui tous peignaient, modelaient, célébraient ou chantaient des héros, marchant au bruit enchanteur de la Poésie et de la Musique, qui étaient animées du même esprit, les Grecs, victorieux et libres, ne voyaient, ne sentaient, ne respiraient par-tout que l'ivresse de la gloire et de l'immortalité (1). »

Sous ce point de vue, les Arts font partie des institutions politiques.

En effet, les modifications de l'homme sont déterminées par trois causes, les sens, l'imagination, les passions. Enfans de l'imagination, les Arts réagissent sur elle, parlent aux sens et exaltent les passions.

Le Législateur s'empara de ces mobiles électriques, et en forma une chaîne qu'il étendit autour des esprits et des cœurs.

C'est de cet emploi sublime que sort la dignité des Arts.

Elever, agrandir toutes les facultés de l'homme, lui composer une ame, lui créer des affections douces ou généreuses, l'enrichir d'émotions, de plaisirs et de leçons, polir les mœurs, embellir la vie, ouvrir aux nations les sources de la gloire et du bonheur, faire naître les vertus du spectacle des vertus, instruire, éclairer leurs contemporains, le monde, les siècles ; voilà leur partage.

Ajouter à leur consideration, c'est ajouter à leur gén e.

---

(1) Thomas, Essai sur les Éloges.

Les Hommes-de-Lettres ont relevé leur nom ; ils sont sortis de cette sphère étroite où les reléguaient l'orgueil et l'ignorance : l'horizon de toutes les connaissances s'est agrandi sous leurs premiers pas, alors que cessant de se considérer comme de simples écrivains, ils ont exercé leur noble métier de penseurs, de précepteurs du genre humain.

Il doit en être ainsi des Artistes.

Rétablissons le mutuel commerce, l'antique alliance des Lettres et des Arts.

Les neuf Muses sont sœurs et les Beaux-Arts sont frères. Voltaire.

Les Arts et les Lettres sont une langue dont les élémens diffèrent, dont la valeur et l'expression sont les mêmes.

J'ai dit que les Arts avaient été dirigés par la Philosophie : je dois ajouter qu'ils ont été cultivés par les Philosophes.

Peindrai-je ici l'Hermès gravant ses préceptes sur la pierre ; les premiers et les plus grands Législateurs, Linus, Orphée, Solon, Pithagore, s'avançant la lyre à la main ? Rappellerai-je et l'Artiste qui précéda Licurgue, et le Musicien qui enseigna la politique à Périclès (1), et Socrate, et Lucien, c'est-à-dire, le premier et le dernier des Moralistes grecs exerçant l'Art de la Sculpture, et le Peintre Diognetus donnant des leçons de Philosophie à Marc-Aurèle.

« Un sage, écrit Diderot, était autrefois un Philosophe, un Poëte, un Musicien. Ces talens ont dégénéré en se séparant. La sphère de la Philosophie s'est resserrée ; les idées ont manqué à la Poésie ; la force et l'énergie aux chants ; et la Sagesse, privée de ces organes, ne s'est plus fait entendre aux peuples avec le même charme ( ). »

Négligeant ces considérations générales, j'indiquerai celle qui tient directement à l'Art.

Vous remarquerez dans tous les ouvrages de l'antiquité

---

(1) Vid. Plutarque.
(2) Diderot. v. 4. OEuv. dram. p. 248.

le cachet d'une pensée supérieure, de manière qu'ils étalent autant de profondeur dans les concepts, que de talent dans l'exécution.

Le mérite de cette partie de l'Art constitue l'ouvrier habile ; mais la pensée constitue le grand Artiste.

De-là le système et la supériorité du style des Grecs. Leur génie a tout créé : leur goût a tout trouvé.

Ils ont posé les bornes et les principes.

Ils ont choisi les *formes* et saisi l'*expression* dans la Nature : ils ont cherché *la perfection* au-delà.

Les Arts, ainsi considérés, exigent toutes les parties de l'esprit, embrassent tous les points de vue des connaissances humaines.

Par leurs procédés et leur mécanisme, ils se lient aux Sciences exactes, aux calculs de la raison : ils appartiennent à l'imagination par la magie de leurs compositions, par l'invention ; enfin, ils tirent de l'analyse des sensations physiques et des sentimens moraux les principes de cette expression, qui donne la vie à leurs ouvrages.

La théorie est un dédale de connaissances : la pratique en est un de difficultés.

Et cela explique comment les grands Maîtres de l'antiquité ont consumé leur vie sur un petit nombre de chefs-d'œuvres.

Cela explique encore cette loi qui interdît aux esclaves la pratique des Arts.

Les créateurs qui dirent à la toile : Parle et respire ; au marbre : Lève-toi, sois sensible, ne devaient pas être des hommes ordinaires.

Les inventeurs de la perfection, lesquels après avoir choisi et combiné les formes les plus ravissantes de la Nature, s'élevèrent, par la plus sublime des conceptions, jusqu'au beau idéal, méritèrent sans doute d'être placés eux-mêmes dans une sphère supérieure.

Les Lettres et les Sciences ne s'adressent qu'à l'esprit : les Arts s'adressent à l'esprit et aux sens.

Mais l'Ecrivain peint d'un trait, et son récit présente

une continuité , une succession d'action : l'Artiste n'en saisit qu'une partie , qu'un moment.

Leur génie est alors subordonné aux moyens : c'est de ces moyens que résulte la différence des beautés.

Une page d'Homère est une galerie de tableaux ; un tableau de Raphaël est une page de poésie.

Lisez la description du Déluge dans Ovide, ou regardez-le sur la toile du Poussin. Ovide n'est qu'un Rhéteur ; le Poussin est un Peintre.

Dans l'antiquité, le système monumentaire était un vaste tissu d'allégories , dans lequel toutes les parties de la Nature , animées , consacrées , divinisées , emblèmes de son énergie active et puissante, présentaient à l'homme les tableaux des révolutions physiques, les grands contrastes du jour, des ténèbres ; de la fécondité , de la stérilité ; de la mort et de la vie.

Aux siècles de l'allégorie , succéda le siècle de l'Art.

D'abord *on indiquait ;* ensuite *on exprima.*

Les Arts avaient été les esclaves de la Théologie ; ils devinrent les associés de la Poésie. Ils ne furent plus des signes , mais un langage.

Ils peignirent les passions, et on vit naître une révolution morale.

Ils perpétuèrent les grandes actions, les traits des Héros : une révolution politique commença.

Le sévère Licurgue ne bannit point les Arts de Lacédémone.

Licurgue rassembla les Poésies d'Homère. Les Muses et les Grâces eurent à Sparte des temples, et Vénus des statues.

Chez les anciens, un grand Artiste était en quelque sorte semblable aux Dieux. On lui érigeait des statues, des temples, des autels. La cité dans laquelle il avait reçu le jour était affranchie de tributs, et partageait son immortalité.

Leur nom, leur cendre insensible commandèrent le respect aux conquérans. Alexandre épargne la maison de Pindare, Démétrius celle de Protogène. Ainsi Malborough protégea des possessions de Fénélon, et Buonaparte le tombeau de Virgile.

Ces honneurs sont communs aux Lettres et aux Arts. Ils leur furent décernés dans les siècles les plus barbares, par les peuples les plus farouches, par les plus féroces tyrans.

Leur flambeau, qui brilla d'un si vif éclat dans le Midi, jette des étincelles sous les glaces du Nord. Les progrès de la civilisation sont liés à leurs progrès. Dans tous les lieux, dans tous les tems ils ont poli les esprits et adouci les mœurs.

C'est à l'époque de leur renaissance que se rattachent les grandes découvertes qui ont influé sur les destinées des Nations.

Périclès, Charlemagne, Auguste, Louis XIV, Adrien, les Médicis propagèrent la culture et l'empire des Arts.

Je me trompe : loin de nous ce préjugé qui attribue au règne de quelques hommes ce qui appartient à leur siècle, à l'influence des événemens.

Il est facile, par exemple, de démontrer, qu'on nous pardonne cette courte digression, que les grands talens, sous Louis XIV, se sont élevés sans lui, j'ajoute malgré lui. Il ne vit dans *Racine* que le courtisan, il n'accueillit dans *Boileau* que le flatteur; mais *Corneille*, ce génie sublime, mais *Lafontaine*, ce génie aimable, languirent dans la misère. *Lebrun*, esclave à la cour, tyran dans l'école, ravit la faveur ; mais *Lesueur*, le Raphaël de la France, mais *le Poussin*, ce Peintre des Poëtes et des Philosophes, ne recueillirent que l'outrage et les dégoûts. On appela de l'Italie *le Bernin* : *Mansard* et *le Veau*, deux Architectes au-dessous de leur réputation, furent protégés; mais *Perrault*, le créateur de la Colonade du Louvre, mais *Blondel*, l'ordonnateur de la porte Saint-Denis), ne s'ouvrirent la carrière que par la puissance de leurs talens. Le ciseau de *Girardon* fut employé ; mais celui du *Puget* reposa. Je pourrais étendre ces observations jusque sur le système militaire ; montrer *Condé*, *Turenne*, *Schomberg* sacrifiés à un Ministre insolent, *Villeroi* l'emportant sur *Catinat*, etc.

Je prouverais que, médiocre en tout, Louis XIV prit l'orgueil pour la grandeur ; qu'il ne la vit que dans lui, et ne la pardonna qu'aux esclaves qui rampèrent à ses pieds.

Les lumières éclatantes du quinzième et du seizième siècle, le mouvement imprimé aux esprits, les tempêtes politiques, tout avait préparé et mûri la gloire de cet âge.

Le despotisme, faussant leur direction, enchaîna les talens aux pieds du trône et des autels. Le Gouvernement ne présentait au Génie que des objets d'adulation, la religion que des objets d'horreur.

Les progrès de la Philosophie, l'essor de l'esprit humain furent arrêtés.

Je reviens. Des Ecrivains ont cru relever la dignité des Arts par les honneurs que des tyrans intéressés leur avaient rendus. Ah ! si les Artistes n'ont pas toujours perdu leur génie au sein des cours, il y ont au moins perdu leur caractère. Ils n'ont vu que le prix et non le but de leurs travaux. Ils ont trompé leur siècle et leur propre gloire, qui n'est plus devenue pour eux qu'un vil trafic.

Loin de nous la pensée de déprimer par ces observations les grands Maîtres des âges modernes ; leur mérite supérieur justifiant nos hommages, s'est fait jour à travers les obstacles, et a souvent conservé, au milieu des chaînes, sa liberté native. On peut leur appliquer le mot de Tacite, *Vir magnus quantum licebat.* Il nous ont donné des leçons et des plaisirs. Leurs erreurs sont presque toujours sublimes ; elles sont de leur siècle : leur génie n'est qu'à eux.

La considération attachée à leur nom résulte de leur talent, et non de la faveur qu'ils ont obtenue. Que d'autres se plaisent à rapprocher *Alexandre* et *Appelle*, *Phidias* et *Périclès* ; qu'ils nous montrent *Charles-Quint* ramassant le pinceau du *Titien*, *Léonard de Vinci* expirant dans les bras de *François premier*, *Vandick* à la cour du Roi d'Angleterre, *Rubens* chargé des intérêts d'Etat et des plus importantes négociations.

Pour nous, après avoir établi la dignité des Arts sur le principe qui les dirige, sur le développement de cette sublime institution, sur son influence et la grandeur des moyens, il ne nous reste plus qu'à la faire sortir des honneurs décernés par la Postérité, et du caractère personnel des Artistes.

La Postérité, juste envers les tombeaux, répare les injures du sort, l'oubli des Gouvernemens, la persécution de la rivalité, l'injustice ou l'ignorance des contemporains.

Elle compose, pour ces illustres morts, un Olympe où l'impartiale équité assigne les rangs.

Elle rapproche dans un autre Elisée les grandes infortunes et les grands talens ; Homère qui mendia, le Tasse qui mourut fou, le Camoëns expirant dans un hôpital, le Corrège succombant sous le poids du malheur, le Poussin supportant celui de l'indigence, les Carraches, le Dominiquin et le Sueur s'éteignans dans les persécutions et dans les chagrins amers.

Il faut le dire, ce n'est que dans les Gouvernemens monarchiques qu'une criminelle indifférence doit peser sur le Génie incapable de flatter, de fléchir, de ramper. Et cela dérive de la nature même de ces constitutions, dans lesquelles l'homme ne doit pas être tout ce qu'il peut être ; mais condamné à la condition également misérable d'esclave ou de tyran, est craint ou méprisé.

C'est dans les Républiques, dans ces Gouvernemens où la perfectibilité humaine peut et doit acquérir tous ses développemens, que les Arts fleurissent et prospèrent. En effet, comparez et pesez les résultats.

Outrés sous le despotisme de l'Asie, retrécis sous le despotisme du Nord, bizarres, avilis sous l'un et l'autre, les Arts n'ont atteint le degré de la perfection que dans les Républiques anciennes. L'Etrurie libre, Athènes ont enfanté ces chefs-d'œuvre qui règnent sur les siècles.

Leçon, charme, désespoir, chacun de leurs débris est un monument.

Le berceau des Républiques fut encore celui de la renaissance des Arts.

Florence, Venise, affranchies et victorieuses, recueillirent, ranimèrent leurs étincelles.

Le flambeau des Arts se ralluma au foyer de l'antiquité. Le Génie, semblable au Phénix qui rajeunit dans
les siècles, qui renaît de ses cendres, parut sortir de
la tombe féconde des grands Maîtres de la Grèce.

On interrogea ces oracles du goût : on chercha à sur-
prendre leur secret ; et ces imitations inférieures à leur
modèle, sont aujourd'hui, le nôtre et épuisent l'admiration.

Une pareille révolution est prête. L'Ecole française,
ramenée à des principes sévères, affranchie de ses
tyrans, et j'entends par ce mot le faux goût, la manière,
les systèmes, les préjugés ; forte de grands exemples,
et sur-tout de l'étude de la Nature et de l'Antique, enrichie des trésors de plusieurs siècles et de plusieurs contrées, éclairée des lumières philosophiques de
cet âge, puisant dans toutes ces sources, dans son caractère, dans la liberté créatrice des grandes choses, son
enthousiasme, son génie et son élévation, étonnera aussi
l'Europe de ses paisibles et glorieux triomphes.

Oui, cette belle révolution est inévitable ; soit que le Gouvernement la provoque autant par intérêt pour sa propre
gloire que pour celle des Arts, soit que des circonstances
impérieuses et momentanées en reculent l'époque.

Cette feuille de laurier, que l'avare reconnaissance va
jeter sur la tombe, hélas ! souvent ignorée du grand
Artiste, enfante les prodiges de la plume, du ciseau, des
pinceaux.

Ah ! qui que vous soyez, respectez ce songe, cette
ivresse ; respectez cette douce et puissante illusion, féconde
pour vos plaisirs, trop souvent stérile pour celui qui vous
les donne.

Laissez errer l'imagination créatrice dans cet espace
enchanté, où les talens se relèvent à leur place, où la
gloire, consolant ses amans, les fait asseoir sur un trône
de fleus.

La gloire est un hochet, soit ; mais ce hochet est un
sceptre qui gouverne le monde.

Cette chimère a quelque chose de sacré. C'est le trésor, le seul trésor de l'Homme de Lettres et de l'Artiste ; c'est le talisman qui peuple la société de merveilles, qui l'enrichit des plus pures jouissances. Otez cette innocente magie, le monde désenchanté n'est plus qu'un désert habité par l'envie, par la calomnie, par la basse méchanceté ; le voile de l'ignorance et le fleau du lugubre ennui retombent et pèsent sur la société ; les hommes sont changés en un troupeau de bêtes brutes, d'animaux féroces.

La barbarie est l'absence des Arts.

Ces fruits de la civilisation, qui influent sur les destinées des empires, qui élèvent nos facultés et notre puissance ; ces fleurs éternelles qui parfument la vie, ce nectar de l'esprit, ces délices des ames sensibles, ces trésors de tous les lieux et de tous les tems, que rien ne peut nous ravir, ce charme dans la bonne fortune, cette consolation dans l'adversité, les Arts sont les bienfaiteurs du monde, dont ils meuvent et polissent les ressorts, dont ils embellissent le théâtre par une succession de créations et de prodiges.

Barbares détracteurs, sophistes insensés, en vain votre voix s'élève contre les Arts. La voix des siècles qui les honora couvre la vôtre.

Des peuplades grossières ont blasphemé l'astre du jour, ont honoré les ténèbres par un culte !... L'ordre admirable de la Nature est une scène muette pour quelques hommes !... Il en est qu'une voix touchante ne troubla jamais !... Il en est dont le cœur n'a jamais palpité à la vue d'une jeune vierge embellie de pudeur et de volupté !...

Pascal et Mallebranche ont écrit contre la Poésie. Voltaire ne soupçonnait pas les beautés du Laocoon ; Lemierre était insensible aux charmes de la Musique ; Mercier a déclaré la guerre aux Arts d'imitation.

Toute l'Antiquité est là pour le repousser.

Toute la France littéraire et savante s'est élevée contre cet anathême.

On a puisé cet anathême dans la Bible, c'est-à-dire, dans le livre d'où sont découlées les plus ridicules comme les plus atroces superstitions.

Cette doctrine n'est pas nouvelle. La démence à jamais déplorable des sectaires connus sous le nom d'Iconoclastes, a détruit une grande partie des monumens des Arts; et à cette époque le genre humain avili, dégradé, stupide et cruel, atteignit le dernier degré d'abaissement et de misère.

Si le farouche Omar incendie la Bibliothèque d'Alexandrie, dépôt sacré des trésors de plusieurs siècles; si la fureur des Iconoclastes, en détruisant les monumens, rompt une autre chaîne de la transmission des connaissances; si la féroce ignorance, le glaive dans une main, une torche dans l'autre, immole le Philosophe et brûle ses ouvrages (1); si le Cardinal Ximenès fait déchirer les livres des Arabes (2); si des Moines jettent à la mer les manuscrits précieux d'Herculanum (3), tout cela découle de la nature du propagandisme religieux, le plus redoutable fléau de toute instruction, attentif et occupé dans tous les tems à rompre le fil, à détruire la trace des connaissances; et cela explique comment le lamisme pèse sur l'Orient et le catholicisme sur l'Occident.

Mais que ces principes de ténèbres soient ceux de la Philosophie qui repose essentiellement sur toutes les institutions propres à favoriser les développemens de la perfectibilité humaine; voilà ce qui implique contradiction, ce qui répugne éminemment.

Aussi, lorsque Rousseau écrivit contre les Arts, il enveloppa les Sciences et la Philosophie même dans cette proscription. Il était conséquent; car il avait posé en principe que l'homme n'est point né pour la société.

Mais le principe, ou plutôt le fait de la société admis, il faut également admettre les Sciences et les Arts.

« La possession des objets les plus communs, dit Condorcet, qui satisfont avec quelqu'abondance aux besoins de l'homme dont les mains fertilisent notre sol, est due

____

(1) Hist. Ecclés.
(2) Hist. des Maures.
(3) Voyage de Choiseul.

aux longs efforts d'une industrie secondée par la lumière des Sciences ; et dès-lors cette possession s'attache par l'histoire au gain de la bataille de Salamine , sans lequel les ténèbres du despotisme oriental menaçaient d'envelopper la terre entière. Le Matelot, qu'une exacte observation de la longitude préserve du naufrage , doit la vie à une théorie qui , par une chaîne de vérités, remonte à des découvertes faites dans l'école de Platon, et ensevelies pendant vingt siècles dans une entière inutilité.....

» Nous montrerons , ajoute-t il, comment la liberté, les arts, les lumières ont contribué à l'adoucissement, à l'amélioration des mœurs......

» Nous prouverons que ces éloquentes déclamations contre les Sciences et les Arts sont fondées sur une fausse application de l'histoire ; et qu'au contraire, les progrès de la vertu ont toujours accompagné ceux des lumières, comme ceux de la corruption en ont toujours suivi et annoncé la décadence (1). »

Les Arts ont encore un effet remarquable. Ils élèvent l'ame de ceux qui les professent ; ils la disposent à toutes les actions nobles et généreuses. Le caractère des vrais Artistes est en général un mélange de la naïve bonté de l'enfance, et de la sublime négligence du Génie.

En effet, si le beau, suivant la définition de Platon, n'est que le bon ; si ces deux grands mobiles de nos sensations, de nos affections, de nos passions, dérivent d'une source commune, l'Artiste qui se dirige vers la contemplation du beau, doit nécessairement s'élever à celle de la vertu.

Entraîné par ses méditations vers des objets supérieurs, retirant sa pensée de cette sphère obscure de détails misérables, d'intrigues pénibles, d'intérêts fangeux, dans lesquels se consument et s'éteignent les facultés du vulgaire des hommes ; toujours en face de la Nature, entouré de grands modèles, l'Artiste participe à leur élévation, et la réfléchit, en quelque sorte.

____

(1) Condorcet. Esquisse des prog. de l'Esp. hum.

Je n'accumulerai pas les exemples ; je ne rappellerai point les Artistes anciens qui dédaignaient de mettre un prix à leurs travaux, Polygnote refusant un salaire pour avoir peint le Pœcile, Protogène méditant pendant sept années, dans le silence et dans la privation, le sujet d'Ialysus, la noble pauvreté de Lysippe et de Miron.... Qui, dans les âges modernes, peut se flatter d'avoir égalé en grandeur d'ame Michel-Ange, en générosité Raphaël et Léonard de Vinci, en désintéressement les Carraches, en qualités rares et aimables le Corrège, en philosophie le Poussin ?.....

Et n'est-ce pas à la sublimité de l'ame que tient celle du génie !

Entrez dans nos ateliers : vous y trouverez encore les vertus généreuses, compagnes des talens, la loyauté, la franchise, la cordialité, le dévouement, l'élévation d'ame ; impassibles dans les privations, fiers dans l'indigence, généreux dans la médiocrité, justes envers leurs émules, amans de l'antique, comme Fénélon l'était de la Divinité, susceptibles du plus généreux enthousiasme, prêts à tout immoler au succès de l'Art qu'ils idolâtrent, n'ayant pour trésor que leur gaieté, leur génie et l'espérance de la gloire, sensibles à une belle action comme à une grande découverte, les enfans des Arts se sont honorés, dans le cours de cette pénible révolution, par des vertus particulières et par des vertus publiques.

Qui a pu, sans une émotion profonde, être témoin du triomphe de ce jeune et sublime Drouais, couronné par ses propres rivaux, ne pouvant échapper par sa modestie aux hommages qui pénétrèrent dans sa retraite, promené sur nos places publiques à la clarté des flambeaux, aux acclamations de cette foule de spectateurs enivrés, de ces groupes animés et religieux d'Artistes enthousiastes, dignes juges des talens ?

Quel est le cœur honnête et sensible qui n'a point été touché du procédé généreux d'Isabey ? Possesseur d'un tableau de son ami Gérard, il lui reporta le bénéfice résultant de la vente. Action noble et simple, qui n'étonnera ni ceux qui les connaissent, ni ceux qui ont vécu dans la société intime des Artistes.

Que de traits aussi touchans dont le mérite est ignoré de ceux même qui en sont les auteurs !

Qui a pu oublier ce jour célèbre dans les annales de la révolution, où des femmes, qui tenaient le double sceptre de la Beauté et des Arts, donnèrent aux Français l'exemple du dévouement, des vertus modestes, généreuses ; et, déposant sur l'autel de la patrie de vains ornemens, demeurèrent parées de leurs grâces, de leurs talens, de nos hommages et de la vénération publique ?

Qui a pu oublier ces tems de calamités, dans lesquels la patrie, couverte d'un crêpe funèbre, souillée par la présence de l'ennemi avancé jusqu'à nos portes, fit un appel à ses enfans ? Ne vit-on pas alors Minerve indignée convoquer les siens à grands cris, frapper la terre de sa lance, et les ateliers enfanter des bataillons ?

Artistes de la division du Muséum, vous vous élançâtes les premiers aux champs de l'honneur ! Il sera éternellement présent à ma mémoire ce jour où, semblables aux trois cents Spartiates qui se dévouèrent aux Thermopyles, vous vous avançâtes en ordre de bataille au sein de l'assemblée que j'avais l'honneur de présider, et qui reçut vos sermens. Un long et universel applaudissement vous accueillit ; les mères, les amantes vous suivaient avec inquiétude ; les jeunes gens, les vieillards même, avec enthousiasme ; tous les citoyens avec respect. Chargé de vous adresser la parole, j'aperçus dans vos rangs et l'amitié et le génie ; mon cœur se troubla à l'aspect du danger qui les menaçait : mes larmes coulèrent dans cet adieu solemnel. Bientôt, rassuré par votre intrépidité, je ne vis plus que les images de la patrie et de la victoire : je prophétisai les triomphes de la liberté ; ils ont été les vôtres.

En général, les Artistes ont bien mérité d'une révolution dont la cause était la leur, puisqu'elle avait pour but de relever les destinées de l'espèce humaine et de rétablir sur toutes les distinctions anéanties celle qui résulte de la vertu et des talens.

Suivez-les sur ces champs de bataille ; ici leur sang a coulé. Approchez, saluez cette enceinte consacrée à la gloire nationale ; là dessina, sculpta, peignit et chanta leur génie. Lorsque des barbares voulurent l'avilir, il se voila ; lorsqu'on lui défendit d'exécuter, il médita. Pénétrez dans ces ateliers, dans ces retraites où, seul devant la Postérité, abandonné de l'espérance, dernier trésor de l'infortune, il veille encore et prépare ces chefs-d'œuvres qui consolent ses malheurs, et qui surnageront sur l'océan de l'oubli dans lequel tout semble aujourd'hui se précipiter et s'ensevelir. Vous vous convaincrez qu'une grande création est près d'éclorre ; mais le cahos où dorment les élémens attend l'étincelle qui doit leur distribuer l'ordre et la vie : vous reconnaîtrez que la sphère des Arts est agrandie, que toutes les connaissances humaines marchent à pas rapides vers la perfection ; mais contemplant de près les obstacles apportés à leur développement, les ressorts odieux que font encore mouvoir l'ignorance et les préjugés, les intrigues de la rivalité ou de la corruption, les misérables considérations qui éteignent le présent et qui foulent les germes de l'avenir, l'apathie funeste qui engourdit tout essor, la stupidité qui semble être en raison des fortunes, la grossiéreté d'une génération pour laquelle les nobles jouissances de l'esprit et du sentiment sont sans saveur et sans prix, la dégradation morale qui en rabaisse la sublimité, l'égoïsme universel qui dessèche les cœurs, l'épuisement des finances, l'absence de l'esprit public, les vertiges de l'agiotage, la misère générale, l'oubli des vertus......... Alors vous verserez des larmes de douleur et d'indignation sur le sort de ces hommes auxquels les particuliers doivent leurs plaisirs et les Nations leur gloire.

C'est à la Législation et au Gouvernement qu'il appartient de relever l'institution des Arts.

Mais ici, comme en toutes chose, l'autorité publique doit diriger, sans montrer, sans faire sentir son poids.

L'instruction étant un pouvoir très-vaste, il convient de le séparer soigneusement des pouvoirs dont elle semble être le contre-poids naturel par la force de l'opinion qui, dans tous les tems, fut son ouvrage.

Debout sur des trophées, une main sur le soc, tenant de l'autre la corne d'abondance du commerce, entouré des Arts, le Génie de la Liberté s'appuie sur la Philosophie, qui les observe et leur désigne la carrière.

Il marque la route, mais il ne la borne point. Les Arts, ainsi que toute espèce d'industrie, doivent être laissés à leur liberté native.

Ecarter les obstacles, favoriser leur essor, relever leur caractère, voilà ce que l'autorité se propose.

Elle sait que les Arts servent sous le despotisme, mais dominent sous la liberté.

Elle arrose le pied de ce bel arbre ; elle place à l'entour des barrières ou des appuis : mais elle abandonne aux jets vigoureux de la sève, au luxe de ses rameaux, sa tête superbe et inviolable.

» Gardez-vous de croire, disait Mirabeau, les Arts de pur agrément étrangers aux considérations de la politique. Le but de l'association est d'assurer les jouissances de l'homme ; comment dédaigner ce qui les multiplie ?...... Tous les Beaux-Arts sont une propriété publique ; tous ont des rapports avec les mœurs du Citoyen......

La science de la Liberté est intimement liée à tous les grands travaux de l'esprit, à la perfection de toutes les branches de la morale......

L'enthousiasme des Arts nourrit celui du patriotisme ; et leurs chefs-d'œuvres consacrent la mémoire des bienfaiteurs de la Patrie.....

Songeons que les Nations les plus libres et les plus heureuses sont celles où les talens ont reçu les récompenses les plus éclatantes.....

Voudrions-nous que le Génie pût regretter le tems du despotisme ? Le despotisme l'enchaînait, l'avilissait, en faisait un instrument de servitude ; mais il savait le caresser habilement, et ses faveurs allaient le chercher quelque-fois dans l'obscurité : la Liberté fera mieux ; elle ne lui tracera que de nobles travaux ; elle lui rendra tout son essor, elle versera sur lui ses bienfaits de tous les genres, et ne le dégradera point en lui souriant. »

Reposons nos regards sur cet avenir consolateur dont la paix est l'heureux gage.

Pallas dépose la lance et voile sur l'égide la tête de Méduse. Ce n'est plus la Déesse de la guerre ; c'est la Vierge tutélaire qui préside aux Arts, c'est Minerve : elle rappelle leurs groupes fugitifs, et assigne à chacun sa place et son emploi.

Telle est l'image du Gouvernement pacifique. Il vous appelle, Artistes, écoutez :

Le luxe des monumens publics est le luxe des Etats libres.

Mais avant tous les autres, sont les monumens utiles. Architectes, agrandissez, étendez ces ports, creusez ces bassins, élevez ces phares dominateurs sur l'une et l'autre mer, tracez de nouvelles routes au commerce, exécutez ce projet d'un Lieutenant de César, *faites communiquer la Méditerranée et la mer du Nord*, par le Rhône, la Saône, la Moselle et le Rhin ; formez de la France l'entrepôt, le marché de tout l'Univers ; que les vaisseaux qui voleront de l'un à l'autre pole traversent son sein ; que l'étranger s'arrête, frappé du spectacle varié des richesses du sol, de l'industrie et du bonheur des habi-tans ; tracez ces rivières artificielles, ces veines du corps politique où circule sa vie ; reprenez, achevez ces travaux interrompus ; les canaux font partie de la grandeur et de l'opulence des Nations civilisées ; l'Egypte, la Chine, la Hollande, la Flandre ont tiré de ces vastes entreprises leur gloire et leur prospérité ; dressez ces arsenaux, peu-plez ces routes d'arcs de triomphes, de colonnes, de tombeaux sacrés ; gravez-y les noms de l'Agriculteur vertueux , du Soldat qui mourut pour son pays, du Philosophe qui l'éclaira , du Magistrat incorruptible....

Que sur les chemins de chaque commune , les grandes actions dont elles furent le théâtre, les hommes illustres dont elles furent le berceau , soient annoncés par des monumens, par des statues placées sous un ombrage religieux...... Erigez d'espace en espace des autels *aux vertus ignorées.....*

Jusqu'ici l'Art a emprunté sa beauté de la grandeur de la masse ou du goût des détails. Reculez les bornes de l'Art. Ajoutez à la beauté des formes une beauté morale , et que la pierre devienne éloquente.

Relevez ces villes incendiées ; ces ateliers démolis, ces manufactures ravagées par d'horribles fureurs , par de déplorables vengeances. Dédiez, dans ces lieux désolés, des temples à la Paix et au Commerce.

Sur-tout que l'utilité soit le premier mérite de vos compositions ; qu'elle y préside , d'accord avec la sévère bienséance et l'exacte proportion.

Dans telle ville de l'Europe il s'agit moins de construire que de démolir.

Des programmes mal basés vous invitaient à décorer des places , lorsqu'il fallait songer à ouvrir des débouchés ; à développer des colonnades , lorsqu'il fallait songer à creuser des aquéducs et des ports ; à construire des portiques , lorsqu'il fallait songer à multiplier les marchés.

Croyez-moi, les monumens d'utilité ont, indépendamment de ce caractère, une décoration naturelle qu'il importe de ne pas négliger. Ces amphithéâtres de fleurs, ces pyramides de fruits s'élevant du sein des marchés, les eaux jaillissantes de ces fontaines , les groupes des hommes et des animaux, ces dômes de verdure ; car vous marierez sans doute le pittoresque des arbres, leur mouvement, les masses de leur salutaire ombrage à celles de l'architecture : tous ces moyens accessoires ont leur puissance et leur magie.

A l'exemple des Maures et des Arabes, enrichissez les

places, les promenades, les villes, les campagnes, les palais, la chaumière, des bienfaits, du murmure et de la scène des eaux.

Saisissez vos crayons. Rendez-nous, appropriez à nos mœurs, à notre climat, à notre constitution, à notre génie les grands monumens de l'Antiquité. Supendez le Panthéon dans les airs : je veux y voir monter ces obélisques, ces pyramides, ces colonnes ces portes triomphales chargées de nos exploits. Montrez-moi le champ de Mars, les cirques, les théâtres, l'Hyppodrome, les naumachies, les arènes, les gymnases, les lycées, l'académie, le portique, ces fontaines, ces bains, ces aquéducs, ces chemins, ces mausolées, ce septizône, cette foule de temples, ce peuple de statues, toute cette pompe, toute cette magnificence d'un peuple libre.

Puissiez-vous n'oublier jamais que l'exagéré n'est point le sublime, que le colossal n'est point le grand, que le caprice n'est point le goût !

Consultez, imitez la simplicité de l'antique sévère.

Sachez que l'exacte analyse soumet à ses invincibles lois l'essor de l'imagination même, et que tout ce qui n'est point fondé en raison, tout ce qui n'est point inspiré par le sentiment ne peut être beau.

Naguères votre talent était réduit à élever les autels de la superstition ou les palais de l'orgueil. Voués à de plus augustes travaux, vous érigerez les temples de la morale et de l'instruction ; vous multiplierez les ateliers de l'industrie et du commerce.

En répandant une grande splendeur sur l'Etat, vous ajouterez à sa force, à la vertu publique, par *l'institution monumentaire*, soit qu'elle propage la récompense ou le blâme, soit qu'elle fixe les grandes découvertes, les inventions utiles ; et alors elle est une langue sacrée ; soit qu'elle perpétue les principes constitutionnels, et alors elle est une législation ; soit qu'elle consacre les bienfaits et la reconnaissance, l'héroïsme, la vertu, et alors elle devient une religion.

Venez, polissez, ornez cette suite de merveilles, Génies de 'a Peinture et de la Sculpture; achevez de leur donner par une magique illusion le mouvement et la vie.

Que le ciseau et les pinceaux deviennent les historiens de notre gloire.

Faites revivre, dans des Galeries immortelles, dans un magnifique Pœcile, les prodiges de notre âge. Vous ne serez embarrassés que du nombre et du choix.

Artistes, vous êtes Français : ne traitez que des sujets nationaux. Associez vos succès à ceux de votre pays.

Le domaine du merveilleux et de la fable est aujourd'hui moins riche que celui de la réalité.

La grande Nation a renouvelé les beaux siècles de la Grèce et de Rome : que vos talens soient sublimes comme ses destinées.

Mariez les paisibles trophées des Arts à ceux de la victoire et que la République reçoive de vos mains ce nouveau charme et cet autre empire.

Qu'ils soient le plus bel ornement de nos Fêtes nationales, que l'on a si bien défini, « le théâtre des récompenses publiques, celui des talens, le lien commun d'un grand peuple et l'école du Citoyen (1). »

Attachez-vous au beau idéal, à l'imitation fidelle de la Nature, à l'expression. Les miracles de l'Art des Grecs sont sortis de ces principes.

Distinguez soigneusement dans l'étude de l'antique ce qui appartient à l'allégorie et ce qui appartient à l'Art. Cette ligne de démarcation n'a point été tracée. L'allégorie, dans les premiers âges, se composa de la combina son des *signes*; l'Art se compose de celle des *formes*. N'exhumez point ces *signes bizarres*, ces monstres, ces panthées qui effraient l'œil et la raison; cherchez, devinez, imitez ces *formes ravissantes* imprimées aux chefs-d'œuvres d'Athènes.

---

(1) Mirabeau.

Peintres de la nature et de la la vérité, devenez les Orateurs de la vertu et de la morale.

Créez le genre sentimental.

Fatigué d'images de servitude, de superstition, de barbarie, de carnage, d'atrocités ou de ridicules, que le pinceau se repose avec amour sur des scènes attendrissantes ; qu'il se voue aux vertus consolatrices, aux affections douces ; qu'il retrace tout ce qui peut charmer l'esprit, toucher le cœur, élever le caractère.

Graveurs, traduisez, multipliez ces drames, ces leçons de la vie humaine. Rendez, en les annoblissant, les compositions d'Hogarth (1). Saisissez le burin de Baléchou et de Wolett ; soyez fidelles à l'exactitude et à la correction, faites deviner et sentir la couleur. Conservez, répandez les œuvres du Génie ; portez chez l'étranger les images de nos monumens et de nos richesses : éveillez son admiration.

Dessinateurs, imprimez aux instrumens de l'industrie des formes simples ; à ceux du luxe, à tous ces élémens de jouissances, à ces meubles, à ces recherches voluptueuses, des formes élégantes ; à ces jardins, des formes romantiques ; à la parure des femmes, des formes gracieuses ; aux vêtemens de l'homme, des formes majestueuses et sévères ; mais rappelez-vous que le goût est le sentiment des convenances. Ce sentiment a guidé les anciens en tout, et particulièrement dans la distribution des ornemens.

Les ornemens, lorsqu'ils ne sont point commandés par la nécessité ou appelés par la grâce, forment un tache ou une dissonance.

Souvent, dans l'Antiquité, ils rappellent les origines, les types, les découvertes, la liaison des Sciences (2) et des Arts entr'eux.

Dans l'Antiquité, le système de la ligne fut approfondi.

----

(1) Hogarth a dessiné une suite de romans moraux.

(2) Hancarville.

(27)

les différentes combinaisons de la ligne constituèrent le caractère et les genres (1).

Respectez le caractère et les genres.

Evitez cette erreur commune qui les confond tous.

Vous tenez la baguette d'Armide : décorez nos théâtres ; mais, sévères observateurs du costume, des mœurs, des usages, connaissez et marquez les époques des différens styles.

Etudiez les effets de la perspective ; sachez combiner la distribution des lumières et la dégradation des teintes.

Cherchez la vérité plutôt que l'effet.

Enfans de Linus, chantez ! ressucitez les prodiges de l'harmonie ! Poëtes, saisissez la lyre ! Bardes, accourez ! Troubadours, groupe aimable, venez vous asseoir près de ces groupes sévères ! Que l'hymne religieux monte en sons graves, solemnels, et se perde avec l'encens dans les cieux ! Ne semez point sur ce fond austère les broderies d'un goût frivole, le luxe d'une harmonie bruyante. Que le cœur retienne votre mélodie touchante et simple ! qu'elle s'imprime facilement au fond de l'ame et du souvenir ! Que de retour, près du foyer, assis à table, le père de famille, la vierge ingénue, les enfans répètent en chœur les airs de nos Fêtes.

Peut-être conviendra-t-il, dans l'exécution, de tenter l'effet de ces cors russes (2), de ces instrumens (3) propres à enfler, à prolonger le son à de grandes distances.

Avez-vous reçu de la Nature un génie hardi, majestueux et sombre ? emparez-vous de la harpe d'Ossian. Etes-vous mélancolique et sensible ? soupirez la romance plaintive ; la romance est l'élégie musicale, est le drame des actions touchantes. Les Grâces folâtres ou piquantes ont-elles déterminé votre goût ? animez la chanson, aiguisez

---

(1) Mengs.

(2) Vid. la Décad. philoph. n°. 10, p. 12, an 6.

(3) L'Artiste Houël s'est occupé de ces recherches.

le vaudeville. Ces genres divers, sous des mains habiles, peuvent exercer une grande influence.

Les Bardes, les Troubadours de la Liberté se placeront sans doute au-dessus de ceux de la Chevalerie.

Les Théâtres vous ouvrent une vaste carrière.

L'influence de l'Art dramatique est aussi puissante que rapide, parce que cet Art se compose de la réunion de tous les autres Arts ; parce qu'il tire son empire et ses charmes du premier de tous , l'Art de la parole ; parce qu'il s'adresse à l'esprit, au cœur, à toutes les passions , à tous les sens ; parce que les émotions des hommes rassemblés sont électriques, contagieuses, profondes ; parce qu'à l'ensemble des moyens les plus vastes, il peut réunir le but le plus utile, celui de changer sans violence, par le seul pouvoir de l'instruction, nos manières, nos usages, nos habitudes , nos mœurs teints encore des préjugés de notre première éducation , et rendre à-la-fois digne du culte de la Liberté la génération qui finit et la génération qui commence.

L'observateur a dû calculer la chûte ou l'élévation de l'esprit national par celle du Théâtre et de la Littérature. Lorsque les prologues adulateurs , les pièces efféminées succédèrent aux drames de Rotrou et de Corneille , les romans remplacèrent les ouvrages politiques des tems de la ligue et de la fronde.

Brutus et la Mort de César appartiennent à notre siècle.

Sous la Monarchie, l'Auteur dramatique ne dut songer qu'à plaire : sous un régime libre, il doit tendre à instruire. Là , il n'était souvent qu'un courtisan corrupteur ; il est ici un professeur de morale.

Observons que les lois hâteront cette régénération , moins par la rigueur que par la bienfaisance des dispositions ; qu'il ne s'agit point de réglemens coërcitifs , mais d'une police d'encouragement ; que loin de comprimer l'essor libre, la marche indépendante du Génie, le Gouvernement se proposera de le favoriser, de réchauffer, de relever ses ailes, et non de les livrer aux ciseaux d'une censure d'autant plus arbitraire, qu'elle s'exercerait sur des ouvrages de sentiment, sur les productions de l'imagination.

Observons encore que l'Art dramatique a ses règles et ses limites fixées par le Goût, d'accord avec le Génie. Qu'au delà de ces principes, sont la barbarie et l'ennui ; qu'innover n'est point créer ; et, pour ne citer qu'un exemple, que l'admiration, ce sentiment inspiré par la vue des actions héroïques, n'obtiendra jamais au Théâtre cet effet qui résulte de la terreur et de la pitié, seuls ressorts de la Tragédie.

Ne cessons point de répéter que la scène peinte, que la scène oratoire sont les ressources de qui ne peut s'élever à la scène de situation ; qu'il faut toujours sacrifier à la vérité de l'expression l'éclat du style ; à la naïveté du dialogue, l'éloquence des tirades ; et qu'enfin l'action, l'action seule, donne la vie à ces compositions dont les passions sont l'ame.

Revenir à ces maximes, que des Littérateurs distingués (1) ont proclamées, en donnant à-la-fois le précepte et l'exemple ; conserver la religion des principes et des genres, tel doit être l'objet de la révolution dramatique.

Peut-être conviendra-t-il cependant de consulter la Poétique de Diderot après celle d'Aristote. La Tragédie est le *beau idéal* de la Poésie ; elle peint des héros : le drame est *l'imitation fidelle de la Nature* ; il m'offre des hommes (2).

Dans ce système, la Tragédie présenterait deux grandes divisions, semblables à celles que les anciens avaient établies pour la Comédie, qu'ils distinguaient en *haute* et *moyenne* (3).

Tels sont en tout les deux termes de l'Art : vous vous élevez au *sublime*, ou vous restez dans le *naturel*.

---

(1) Ducis, Chénier, Legouvé, Darnaud, Lemercier, etc.
(2) Vid. le Père de Famille, l'Indigent, le Joueur. ..
(3) Lebatteux.

C'est en subdivisant trop les nuances de la Comédie que l'art s'est affaibli. Molière plaça le comique dans la situation ; Regnard le mit particulièrement dans la saillie ; Destouches créa un genre élégant, mais froid ; Lachaussée y ajouta la teinte sentimentale ; Marivaux, Dorat et son école se jetèrent dans la manière, dans l'abus de l'esprit ; l'Art succombait sous tant d'artifice ; des talens heureux et faciles le relevèrent (1), le ramenèrent à la Nature.

L'Art de la Tragédie consiste dans le développement des passions : l'Art de la Comédie, dans le développement des caractères et des situations.

Quand nos Fêtes nationales seront dignes d'un peuple libres, elles deviendront le théâtre de ces prodiges.

Le bronze, l'ivoire, le marbre, la pierre remplaceront le bois, le plâtre et le carton.

La législation des monumens, la magistrature de l'ÉDILITÉ seront créées.

La grande Nation aura ses Prêtres d'Apollon, ses Agonothètes, ses Gymnasiarques, ses Chorréges.

Ici, nous reverrons la véritable Tragédie des Grecs, avec sa pompe, ses chœurs, sa mélopée, qui n'est autre chose que l'expression exactement notée du ton qui s'élève dans la passion, des soupirs de la langueur, des accens du désir, des chants de la joie, des cris du désespoir..... (2)

Là, nous retrouverons la Pantomime des Romains, non point cet Art confondu avec celui de la Saltation, uniquement destiné à faire briller la légéreté des pieds, mais cet Art régulateur de tous les mouvemens, cette langue du geste, langue universelle, rapide, électrique, instantanée, qui fait pénétrer comme un éclair une lumière dans l'esprit ou un sentiment dans le cœur, bien supérieure en cela aux autres langages, lesquels distribuant successivement la pensée dans cette suite d'élémens qui la

____

(1) Beaumarchais, Fabre, Colin-d'Harleville, Andrieux...

(2) Adrien, au théâtre des Arts, semble avoir recueilli les étincelles du feu sacré de l'Antique. Tel était sans doute Pozus.

représentent , en atténuant nécessairement la valeur et l'expression.

Plus loin s'éléveront des chaires de déclamation, Art cultivé spécialement dans les Etats libres (1).

Formons, dans ces combats gymniques et, par ces exercices physiques, une génération forte.

Formons, dans ces combats scéniques, et par ces exercices moraux, une génération éclairée.

Lorsque Rousseau écrivit sur la réformation du systéme politique de la Pologne, il s'occupa particulièrement des Fêtes nationales , des Jeux , des Courses de chevaux. Fé .élon traça le plan de ces Fêtes dans son immortel Télémaque , Mirabeau dans ses discours.

C'est là que le génie de l'Antiquité respire tout entier.

Il est beau d'imiter Numa et Solon.

Où sont les Jeux? les Chars ? les Atlètes? les Palmes? les Trépieds? Distribuons le prix de la valeur à ces Guerriers ; l'honneur de la Patrie ; le prix de la vertu à ces Vieillards ; le prix des talens à ces Jeunes-Gens ; le prix de la beauté à ces Femmes ; ou plutôt décernons-le aux qualités morales, à l'Economie, à la Pudeur, à la Foi dans les engagemens.

Que les prodiges épars dans les siècles, que les grands Hommes jetés d'âge en âge se pressent et revivent dans celui qui s'ouvre devant nous !

Tressez des couronnes pour les Héros , les Savans, les Artistes , les Artisans , sur-tout pour l'Homme vertueux.

Ici remarquons avec Rousseau que parmi les couronnes dont on honorait les grandes actions chez les Romains, il n'y avait que la civique et celle du triomphateur qui fussent *d'herbe et de feuilles :* les autres n'étaient que d'or (2).

---

(1) Nous comptons dans cet Art des Professeurs illustres, Delille, Molé , Contat, Monval , Baptiste aîné, etc.

(2) Rouss. Econ. pol.

Il en coûte bien peu aux Gouvernemens pour opérer de grandes choses.

Et d'ailleurs ne recueillent-ils point au centuple l'intérêt des avances faites à l'Instruction et aux Arts? Augmenter la masse des talens et de l'industrie, n'est-ce donc point augmenter celle des capitaux?

On a dit avec raison que l'intérêt du négoce avait fait naître celui des Fêtes de la Grèce (1).

En effet, la cause des Arts est celle du Commerce.

Mais ce luxe politique et moral ne peut être établi que par un Gouvernement d'un esprit vaste.

Mais ces jouissances délicates, ces plaisirs des sens et de l'intelligence ne peuvent être appréciés que par un Peuple poli, ingénieux, sensible, qui sache réunir à l'héroïsme de Rome le génie d'Athènes.

____

(1) Condillac.

De l'Imprimerie des SCIENCES ET ARTS, rue Thérèse, butte des Moulins, N°. 538.